# MOYEN D'ABOLIR

LE

# PROLÉTARIAT ET LE PAUPÉRISME

## SANS NUIRE A LA RICHESSE INDIVIDUELLE,

### Par BLONVAL.

> Et Jésus dit : « Malheur aussi à vous, docteurs
> » de la loi, parce que vous chargez les hommes
> » de fardeaux qu'ils ne peuvent porter, et vous-
> » mêmes n'y touchez pas du bout du doigt ! »
>
> (S. Luc, ch. xi, v. 46.)

> « Malheur à vous, docteurs de la loi, parce
> » qu'ayant pris la clé de la connaissance, vous
> » n'y êtes pas entrés vous-mêmes, et vous avez
> » encore empêché d'y entrer ceux qui voulaient
> » le faire. »
>
> (S. Luc, ch. xi, v. 52.)

> « Heureux ceux qui seront persécutés pour la
> » justice, car le royaume des cieux est à eux. »
>
> (S. Matthieu, ch. v, v. 10.)

PRIX : 30 CENTIMES.

BORDEAUX,

Imprimerie des Ouvriers-Associés, rue du Parlement-Ste-Catherine, 19.

*(Métreau, titulaire.)*

1849

# MOYEN D'ABOLIR

LE

# PROLÉTARIAT ET LE PAUPÉRISME

## SANS NUIRE A LA RICHESSE INDIVIDUELLE ;

### Par BLONVAL.

Et Jésus dit : « Malheur aussi à vous, docteurs
» de la loi, parce que vous chargez les hommes
» de fardeaux qu'ils ne peuvent porter, et vous-
» mêmes n'y touchez pas du bout du doigt! »

(S. Luc, ch. xi, v. 46.)

« Malheur à vous, docteurs de la loi, parce
» qu'ayant pris la clé de la connaissance, vous
» n'y êtes pas entrés vous-mêmes, et vous avez
» encore empêché d'y entrer ceux qui voulaient
» le faire. »

(S. Luc, ch. xi, v. 52.)

« Heureux ceux qui seront persécutés pour la
» justice, car le royaume des cieux est à eux. »

(S. Matthieu, ch. v, v. 10.)

PRIX : 30 CENTIMES.

BORDEAUX,
Imprimerie des Ouvriers-Associés, rue du Parlement-Ste-Catherine, 19.
(*Métreau, titulaire.*)

1849

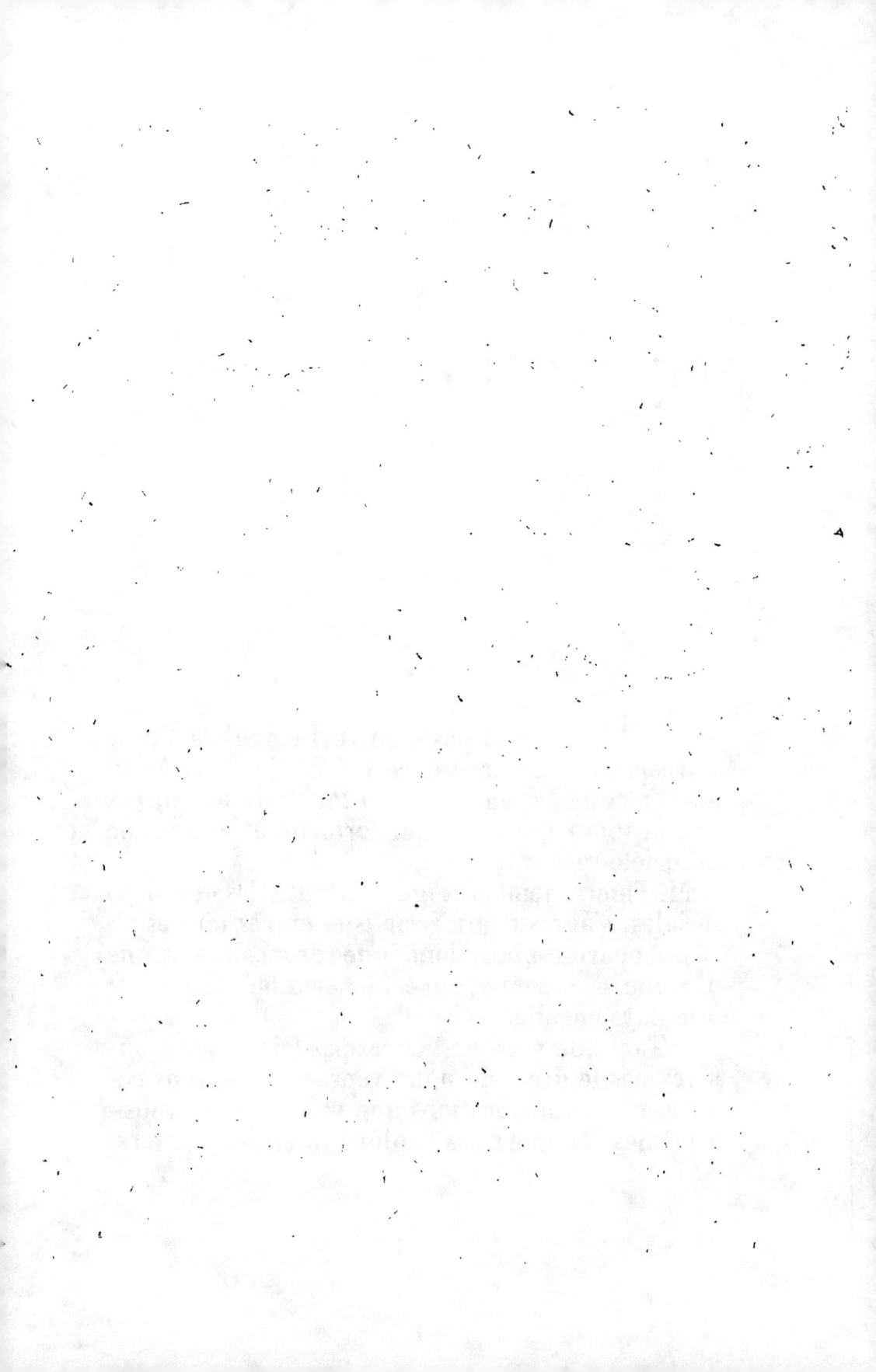

# MOYEN D'ABOLIR

## LE

# PROLÉTARIAT ET LE PAUPÉRISME

### SANS NUIRE A LA RICHESSE INDIVIDUELLE.

———◆———

M. Thiers a tout passé en revue dans sa tirade rétrospective de la séance du 24 juillet. Qu'en est-il résulté ? Rien. — Il n'a fait faire aucun pas aux grandes questions qui fermentent au sein de la société moderne.

M. Thiers, semblant ignorer toutes les questions sociales, s'adresse aux socialistes en ces termes :

« Apportez-nous donc une proposition, une » commission sera nommée, l'Assemblée jugera, et » le pays ensuite.

» Tant que vous ne l'aurez pas fait, vous n'au- » rez pas le droit de nous reprocher de vous re- » fuser des améliorations que vous ignorez vous- » mêmes ; ce que nous voulons interdire, ce n'est

» pas la discussion, mais ces écrits pleins d'un
» fiel et d'une intention abominable, où l'on dit
» au peuple qu'il est un bien suprême qu'il dé-
» pend de nous de lui donner, et nous lui refusons
» parce que nous sommes riches et méchants. »

La question du socialisme est trop bien posée
par les hommes dévoués à la cause de l'humanité
pour que nous ayons l'outrecuidance de la poser
différemment ou de réfuter leurs principes ; mais
notre cœur se soulève d'indignation à l'espèce de
défi que jette M. Thiers de porter une proposition susceptible d'améliorer la condition des prolétaires. Nous osons la lui porter. Notre proposition est un socialisme de transition, c'est-à-dire
un passage progressif de la vieille société à la société nouvelle ; que M. Thiers la juge, et les travailleurs ensuite.

Le socialisme est le nouveau but d'activité qui
est proposé aux hommes du dix-neuvième siècle,
et M. Thiers ne doit pas ignorer que toutes les
sociétés se forment avec un but commun d'activité;
que ce but commun d'activité étant connu, nul
ne peut l'empêcher de se réaliser.

A-t-on pu étouffer le christianisme qui était un
nouveau but d'activité sociale.

Le poids du mal accablait tous les hommes,
l'inégalité régnait partout, les haines divisaient
toutes les nations, les puissants de la terre ne
cherchaient que leur propre bonheur dans leur
dure domination. — Le Christ ne donna-t-il pas
la liberté aux esclaves, ne rompit-il pas le joug

qui courbait les femmes et les enfants ; ne prêcha-t-il pas la fraternité des nations et l'unité du genre humain.

Ses principes contenaient le germe de nombreuses révolutions sociales, mais elles s'opérèrent en dépit de toutes puissances dominatrices.

En effet, les mœurs n'ont-elles pas changé, les esclaves ne sont-ils pas devenus serfs et les serfs prolétaires et hommes libres.

Toutes ces transformations arrivèrent malgré toutes les persécutions qu'a éprouvées le christianisme.

Le christianisme eut de nombreux ennemis, parce qu'il vint renverser la société corrompue du paganisme ; de même, de nos jours, le socialisme est persécuté parce qu'il proteste contre les abus iniques de l'époque actuelle.

Monsieur Thiers, croyez-vous que les travailleurs se contenteront toujours de vos paroles mensongères ? Croyez-vous, de bonne foi, leur prouver que le socialisme est la ruine de la propriété, de la famille et de la religion ?

Mais l'ouvrier dit comme Molière : « Je vis de bonnes soupes et non pas de beaux langages. »

Monsieur Thiers, le socialisme ne désorganise pas la société : c'est vous et les vôtres qui la désorganisez, en vous opposant à la marche du progrès.

Voici notre proposition ; jugez-la. Si vous n'y trouvez rien de bon, vous et les vôtres serez jugés par le pays ; mais nous ne parlons pas ici de

6

l'ancien pays légal, car nous serions bien trompés s'il voulait seulement la prendre en considération.

Monsieur Thiers, nous vous disons comme Jésus disait aux docteurs de la loi : « Malheur à vous, » parce qu'ayant pris la clé de la connaissance, » vous n'y êtes pas entrés vous-mêmes, et vous » avez empêché d'y entrer ceux qui voulaient le » faire. » (S. Luc, ch. xi, v. 52.)

On compte en France 35,000,000 d'habitants :

14,000,000 de mendiants, indigents et individus très-misérables, ayant, en moyenne, cinq sous par jour.

17,000,000 de prolétaires, pauvres et nécessiteux, ayant, en moyenne, un salaire de quatorze sous par jour.

TOTAL : 31,000,000 d'infortunés sur une population de 35,000,000 d'hommes.

Les 4,000,000 restants se divisent en trois catégories d'individus aisés, riches et opulents :

3,156,000 individus aisés.
600,000 individus riches.
184,000 individus opulents.

*(Extrait des statistiques officielles publiées par les ministères et les économistes Charles Dupin, Louis-Napoléon, Guizot, de Rambuteau, A. Blanqui aîné, de Morogues, Proudhon, Pierre Leroux, Raspail, etc., etc.)*

Les trois catégories d'individus aisés, riches, opulents, comprennent 980,000 familles, à 4 personnes par famille, père, mère et deux enfants.

Ainsi, dans notre société, moins d'un million d'hommes privilégiés se trouvent en face de 31,000,000 de prolétaires.

Ne serait-ce pas une justice que les 980,000 familles comprenant les trois catégories d'individus aisés, riches et opulents, vinssent, dans la mesure de leur fortune, au secours des 31,000,000 de prolétaires pauvres et nécessiteux; non pas sous forme d'aumônes, mais au nom de la religion, au nom de l'humanité, comme droit au travail.

S'il y avait de la bonne volonté parmi les gouvernants, les capitaux ne manqueraient pas pour exécuter tout ce qu'il y a à faire en faveur des travailleurs; en voici la preuve :

Pour faciliter l'intelligence de notre démonstration, nous diviserons les 980,000 familles à 4 personnes en quatre catégories, suivant qu'elles sont plus ou moins aisées ou riches et opulentes; de là nous disons :

400,000 familles aisées.
280,000 familles plus aisées.
150,000 familles riches.
150,000 familles opulentes.

TOTAL : 980,000 familles comme ci-dessus.

Aux 400,000 familles aisées, nous admettons par jour, en moyenne, à chacune, la somme de 6 fr. 56 c., soit 1 fr. 64 c. par individu.

Aux 280,000 familles plus aisées, la somme de 10 fr. 96 c., soit 2 fr. 74 c. par individu.

Aux 150,000 familles riches, la somme de 27 fr. 40 c., soit 6 fr. 85 c. par individu.

Aux 150,000 familles opulentes, la somme de 43 fr. 84 c., soit 10 fr. 96 c. par individu.

Dès lors, nous demandons que l'Assemblée législative vote le décret suivant :

« Tout individu habitant le sol français, ayant par jour, en moyenne, 6 fr. 56 c., 10 fr. 96 c., 27 fr. 40 c., 43 fr. 84 c., devra payer annuellement la valeur de 5, 10, 15, 20 c. par franc, sur le montant de la somme qu'il aura à dépenser par jour. »

Cette taxe des riches s'appellera TAXE DU DROIT AU TRAVAIL.

Donc, si 400,000 familles aisées, à 6 fr. 56 c., donnent par franc 5 c. chaque jour, on aura, par an, la somme de.............  46,720,000 fr.

Pour les 280,000 familles plus qu'aisées, à raison de 10 c. par franc sur leurs 10 fr. 96 c. de chaque jour, on aura, par an, la somme de.....................  111,398,000

Pour les 150,000 familles riches, à raison de 15 c. par franc sur leurs 27 fr. 40 c. de chaque

*A reporter*.........  158,118,000 fr.

| | |
|---|---|
| *Report*............. | 158,118,000 fr. |
| jour, on aura, par an, la somme de....................................... | 225,022,500 |
| Pour 150,000 familles opulentes, à raison de 20 c. par franc, sur leurs 43 fr. 84 c. de chaque jour, on aura la somme de ....................................... | 479,610,000 |
| TOTAL............. | 862,750,500 fr. |

Hommes d'argent et monarchiens, vous reculez devant toutes les mesures à prendre pour supprimer la misère en disant que c'est impossible. Impossible! devant ce mot, toutes les iniquités, toutes les ignorances se sont toujours abritées; mais rappelez-vous que nos pères ont conquis la liberté, et que c'est à nous de conquérir le bien-être.

Supposons qu'on accepte notre moyen si simple et si facile d'avoir un capital à mettre à la disposition du travail, voici quel est l'emploi qu'on en devra faire.

On établira sous la direction de l'Etat une banque dite Nationale. Elle DONNERA GRATUITEMENT à tous les travailleurs des villes et des campagnes une somme suffisante pour qu'ils s'organisent en travailleurs affranchis.

Cette banque fournira des fonds à ceux des villes, lorsqu'ils remettront par un chef capable de surveiller leur intérêt, un acte de société irrévocablement arrêté.

Le gouvernement formera une administration qui sera exclusivement occupée à faire une distribution équitable du capital 862,750,500 fr., et à vérifier si les actes de société sont passés à l'avantage de tous.

Chaque chef de corporation aura droit à sa demande s'il a rempli les réglements de cette administration de la Banque nationale.

Celle-ci ne devra jamais admettre dans les statuts d'un acte de société, que les ouvriers d'une même corporation puissent s'associer à l'exclusion de ses autres membres.

Ceux de la campagne obtiendront des fonds moyennant qu'ils soient d'accord avec le propriétaire sur le prix d'une portion de terre qu'ils voudront acheter.

En cas de réclamation trop exigeante de la part des propriétaires sur le prix, on s'en rapporterait aux usages de la localité.

L'administration de la Banque nationale nommera des employés qui seront exclusivement occupés à passer avec les propriétaires les actes de vente de leur terre ; les marchés étant conclus, ils fourniront à ceux-ci des mandats sur la Banque nationale, et elle les acquittera sur présentation. De cette manière, le cultivateur recevra la terre, mais non l'argent.

Deux cultivateurs demandant en même temps une portion de la taxe du droit au travail, la préférence sera accordée au plus âgé, encore faudra-t-il qu'il soit marié.

Si ce sont deux chefs de corporation qui demandent en même temps une partie de la taxe du droit au travail, la préférence sera donnée à celui dont les associés seront les plus nombreux ; encore faudra-t-il qu'ils soient les plus nombreux ayant contracté mariage.

A condition égale, le sort décidera.

Par ce moyen, la répartition des capitaux aura lieu sans injustice. En effet, il convient que celui qui souffre depuis longtemps soit le premier soulagé.

En admettant que le travailleur soit marié, nous voulons arracher le mariage à l'esprit de spéculation pour le restituer à l'amour, combattre la prostitution dans le despotisme de la faim.

Chaque jour, par la voie des journaux, on devra faire connaître le montant des sommes qu'on aura reçues, ainsi que le montant de celles qu'on aura données.

A l'égard des ventes qu'on fera aux cultivateurs, nous demandons que l'Assemblée législative vote le décret suivant :

« Aucun cultivateur ne pourra acheter plus de « terre que lui et sa famille ne pourront cultiver. » Si son terrain devient insuffisant, il ne pourra » que l'échanger contre un plus grand. »

Il y aura des hommes experts en agriculture qui seront préposés par le gouvernement, afin de fixer, suivant la qualité de la terre, la quantité d'hectares qu'il faudra donner à chaque famille.

Qu'on nous permette de ne pas nous arrêter

sur une foule de détails concernant les réglements généraux de l'administration de la Banque nationale, nous nous bornerons à n'en présenter que les principaux :

Un capital de 862,750,500 fr. étant trouvé, sans nuire aux intérêts de personne, connaissant son emploi et devant se renouveler tous les ans, ne serait-il pas du devoir de l'Assemblée législative de s'empresser de le faire mettre en circulation. Si l'on voulait user à son égard des combinaisons de banques déjà connues, on pourrait l'augmenter considérablement ; de cette manière, il viendrait encore en aide, dans le courant de l'année, aux corporations associées qui en auraient besoin, cette fois NON PAS A TITRE DE DONATION, mais à celui DE CRÉDIT GRATUIT.

Les frais d'administration de la Banque nationale devront être portés au crédit du budget et faire partie des impôts, c'est-à-dire être payés par tous, riches et travailleurs compris, mais particulièrement par ceux qui auront profité des avantages de la Banque nationale.

Les frais d'administration de la Banque nationale, ainsi répartis, seront peu élevés, surtout si on fait le recouvrement de ce capital par les receveurs et les percepteurs des contributions déjà établis, et plaçant cette administration dans les attributions du commerce et de l'agriculture.

Une des grandes causes de la guerre au socialisme, c'est l'abolition de l'exploitation de l'homme par l'homme, sans garantir aux riches l'intérêt de

leurs capitaux. Nous, tout en abolissant l'intérêt
du capital donné aux travailleurs, nous le con-
servons aux 4,000,000 d'individus aisés, riches
et opulents, ou plutôt aux 980,000 familles qui,
chaque année, fourniront au travail une légère
partie de leur rente; nous le conserverons aussi à
tous ceux qui, par des économies accumulées, de-
viendront capitalistes.

Voici comment :

L'Assemblée législative devra voter le décret
suivant :

« Toutes les administrations des chemins de fer,
des paquebots, en un mot, toutes les lignes de
communication d'un point à un autre, servant à un
usage d'exploitation quelconque, appartiendront
à l'État, et les recettes réunies de toutes ces administrations serviront à payer la rente aux capitalistes à raison de 5 p. 100. »

De là, le prix des places des voyageurs et celui
de tous les objets de commerce devront être calcu-
lés en raison de la rente que l'on aurait à payer,
y compris les frais généraux de ces administrations.

Les étrangers qui exigeront le paiement des
fonds qu'ils ont versés dans l'une de ces administrations précédemment à des particuliers exploi-
teurs pourront les recevoir dans un, deux et trois
ans. L'État prendra des arrangements avec eux,
pour un de ces termes, et les propriétaires, au
fur et à mesure qu'ils recevront de l'argent en
échange de leur terre, pourront se mettre en lieu
et place de ces étrangers.

Pour compléter nos vues à l'égard de l'administration des chemins de fer, aussitôt sous la direction de
l'Etat, ELLE DEVRA AVOIR UN MOUVEMENT D'ACTIVITÉ
ÉGAL A CELUI QUE L'ON A DONNÉ AUX FONDS PUBLICS.

Dès lors, on comprend que les capitalistes place-
ront et déplaceront leurs capitaux, selon qu'ils en
ont l'habitude avec le système des fonds publics. La
circulation de l'argent, par le moyen que nous indiquons, ne sera pas plus gênée qu'elle l'est aujour-
d'hui.

Les capitaux inscrits sur le grand-livre et ceux
placés sur la propriété territoriale ne seront pas
plus en sûreté que les nôtres.

A ceux qui nous diront que les travaux de communication n'étant pas terminés pour le moins dans
cinq ans, comment pourra-t-on payer, pendant
ce temps, l'intérêt du capital de 862,750,500 fr.
qui se renouvellera tous les ans ?

NOUS RÉPONDRONS QU'ON DEVRA EN PRENDRE LES
INTÉRÊTS SUR LE CAPITAL LUI-MÊME.

Soit 43,137,525 fr. pour intérêt de 862,750,500
fr. Il restera un capital de 819,612,975 fr., exempt
de tout intérêt pour la première année.

Soit 86,275,050 fr. pour intérêt de la première
et de la deuxième année. Il restera un capital de
776,475,450 fr., exempt de tout intérêt pour la
deuxième année.

Soit 129,412,575 fr. pour intérêt de la première, deuxième et troisième année. Il restera un
capital de 733,337,925 fr., exempt de tout intérêt pour la troisième année.

L'intérêt de la première, deuxième, troisième et quatrième année étant payé, il restera un capital de 690,200,400 fr., exempt de tout intérêt pour la quatrième année.

L'intérêt de la première, deuxième, troisième, quatrième et cinquième année étant payé, il restera, exempt de tout intérêt pour la cinquième année, un capital de 647,062,875 fr.

Que chaque année l'on en agisse ainsi jusqu'à ce que les lignes de communication commerciales soient terminées, l'on aura, avec le temps, en entier, le capital 862,750,500 fr., parce que nous pensons que l'on a compris que les recettes des lignes de communication commerciales doivent être égales à la somme d'intérêt que l'on aurait à payer.

Chaque année on livrera aux travailleurs des villes et des campagnes la somme de 862,750,500 fr., moins les intérêts de la première année, jusqu'à la cinquième année, et l'on placera la somme que l'on aura obtenue, exempte de tout intérêt, aux travaux des lignes de communication commerciales.

Cette somme, en sortant des mains des capitalistes, passe dans celles des travailleurs que l'on affranchit, puis dans celles des propriétaires, et, en dernier lieu, retourne dans celles des travailleurs non affranchis, mais, cette seconde fois, sous forme de salaire: Quelle activité ne donnerons-nous pas immédiatement à toutes les branches d'industrie, sans compter tout le bien-être que nous répandrons dans la classe des malheureux prolétaires.

Si pour avoir des recettes égales à la somme d'intérêt qu'on aurait à payer il fallait trop élever le prix des objets de communication et autres, on aurait recours aux travailleurs affranchis en exigeant une indemnité de ceux qui, depuis trois ans, auraient joui des bienfaits de la taxe du droit au travail. Cette indemnité ne devra être demandée qu'à titre de solidarité, et sera fixée à 5 c. par franc du fruit de leur travail.

Cette taxe des travailleurs s'appellera TAXE DE SOLIDARITÉ ENTRE RICHES ET TRAVAILLEURS.

On admettra avec nous que l'on pourra avoir une moyenne de 200,000 travailleurs affranchis après la distribution du capital de l'administration de la Banque nationale, avec un bénéfice, en moyenne, de 3 fr. par jour, au lieu de 14 sous de salaire, en moyenne, par le travail exploité.

Donc, 200,000 travailleurs étant affranchis tous les ans, en trois ans on en aura 600,000. L'indemnité de salaire étant fixée à 5 c. par franc, de leur bénéfice de 3 fr. par jour on aura, par an, une somme de 32,850,000 fr.

Cette somme, comme nous l'avons dit, servira au déficit des intérêts de la rente des capitalistes, que les administrations des lignes de communication commerciales n'auraient pu fournir. Et cette somme augmentera chaque année du montant de la somme que donnera l'indemnité des 200,000 travailleurs affranchis chaque année.

Nous avons prouvé que pour cinq ans, d'après notre calcul, l'intérêt des capitaux que nous produisons par notre système se trouve régulièrement payé chaque année. Nous avons dit aussi que les lignes de communication commerciales étant achevées, si le prix des objets quelconque de transport venait à être trop élevé, on aurait recours aux travailleurs affranchis.

Pour donner de la puissance à notre système, examinons quel sera le montant de la somme qu'on obtiendra chaque année, après trois ans de mise en œuvre de l'administration de la Banque nationale : nous trouvons une somme, que nous appellerons *de prévoyance*, s'élevant à 32,850,000 fr., produit des 600,000 travailleurs affranchis fin de la quatrième année.

Fin de la cinquième année d'activité de la Banque nationale, ajoutant le montant de la somme produite par 400,000 travailleurs en sus des 600,000, à raison de 200,000 chaque année, ou 10,950,000 fr. par 200,000 travailleurs affranchis annuellement, nous trouvons encore 21,900,000 fr. pour 400,000 travailleurs, plus 32,850,000 fr., produit des 600,000 travailleurs, qui se répètent la cinquième année. Total : 87,600,000 fr. de prévoyance.

On sait que nous DONNONS GRATUITEMENT aux travailleurs la somme qui doit leur fournir l'instrument du travail ; mais si l'on voulait en exiger la restitution par vingtième ou quarantième, je suppose, le montant de cette restitution, jointe à nos sommes de prévoyance, formerait un capital considérable, dont on userait suivant les exigences des circonstances. Mais ce n'est pas nous qui conseillerons cette restitution, car, pour nous, elle n'est nullement nécessaire.

D'ores et déjà, nous croyons pouvoir assurer que toutes les lignes de communication et par voie navigable et par chemin de fer, aussitôt terminées et aussitôt en pleine exploitation par l'État, donneront une recette à servir non-seulement la rente des capitalistes dont nous avons parlé, mais encore la rente des 400,000,000 que l'Etat fournit chaque année pour la dette publique, en grevant d'impôts onéreux le misérable prolétaire. S'il n'en est pas ainsi, nous avons indiqué le moyen d'y remédier.

En attendant que l'on soit à ce moment de l'abolition des 400,000,000 de la rente de la dette publique, nous demandons qu'on réduise les gros traitements et qu'on élève ceux des fonctionnaires nombreux qui sont très-peu rétribués.

D'après nos principes, nous ne voulons, autant que possible, que des impôts qui soient profitables à tous. De ce nombre sont ceux pour l'éducation et l'instruction gratuite et obligatoire.

L'éducation et l'instruction pour le peuple forment nos vœux les plus ardents. L'éducation et l'instruction effaceront, avec le temps, l'inégalité qui existe parmi les hommes ; car ce n'est qu'ainsi que l'on peut trouver la garantie de la liberté, la réalisation de l'égalité et de la fraternité.

Les moyens que nous indiquons de placer les capitaux des individus aisés, riches et opulents, font voir que nous détruisons progressivement l'exploitation de l'homme par l'homme.

En effet, du moment que les travailleurs s'organisent en association, ou deviennent possesseurs d'une portion de terre, on ne peut plus exiger aucune concession du fruit de leur travail, comme c'est l'usage maintenant.

Nous serons d'autant plus heureux de voir le travail exploité remplacé par le travail libre, que nous considérons comme un crime de lèse-humanité de prendre un denier sur le travail du prolétaire autrement que pour l'intérêt commun.

Dans notre vieux monde, l'ouvrier est le père nourricier du capitaliste, et sans pitié on lui refuse un salaire suffisant pour vivre.

Pour que le producteur vive, dit Proudhon, il faut que son salaire puisse racheter son produit.

Tous les hommes doivent être solidaires les uns des autres. Nous avons indiqué, il nous semble, comment cette solidarité pouvait s'établir au bénéfice de tous.

Aimez-vous les uns les autres, a dit Jésus. Ce qui veut dire, avant tout, que les intérêts des uns et des autres soient respectés mutuellement.

Des hommes qui meurent de faim, et qui sont en haillons, peuvent-ils aimer ceux qui regorgent de toutes sortes de biens sans en faire part aux pauvres travailleurs? — Répondez, monsieur Thiers, de tels riches ne seraient-ils pas méchants?

En résumé, on ne peut considérer comme un sacrifice pour les riches, cinq, dix, quinze et vingt centimes par franc sur la somme qu'ils ont à dépenser par jour; et pourtant ces petites sommes réunies forment un capital considérable de 862,750,500 fr. RENOUVELÉ CHAQUE ANNÉE, quelle immense ressource pour le cultivateur, pour l'ouvrier. On ne devra pas concentrer ce capital des travailleurs sur un point plus que sur un autre; on devra le répartir par portions égales dans chaque département. C'est dans sa juste distribution, combinée avec un bon système de banque comme nous l'avons dit, que dépendent tous les bienfaits que l'on doit en attendre.

Du moment que la terre appartiendra aux cultivateurs et que les associations seront formées, les produits de l'agriculture et de l'industrie seront considérablement plus nombreux : nos marchés regorgeront de tout. Aussi, disons-nous avec certitude aux individus aisés, riches et opulents, que la légère portion qu'ils donneront de leurs rentes doublera, triplera, par la diminution qui aura lieu dans le prix des objets de première nécessité.

Donnez, vous recevrez, a dit l'Evangile. Spirituellement, le sens de ces paroles étant vrai, économiquement, il le sera aussi dans le travail affranchi.

Frappez, on vous ouvrira, dit encore l'Evangile; mais, nous ouvrira-t-on, c'est-à-dire nous écoutera-t-on?

Riches, vous seuls le savez; mais que votre

oreille, frappée de cris poussés jusqu'aux cieux, vous fasse distinguer ces phrases.

Nous sommes une nation de travailleurs, et nous manquons de travail! Nous avons un sol excellent, et nous manquons de denrées! Nous sommes actifs et laborieux, et nous sommes dans l'indigence! Nous payons des impôts énormes, et on nous dit qu'ils ne suffisent pas! Quel est donc l'ennemi qui nous dévore?

Peut-il exister une loi, qui, sans violer la justice, fasse de nous une classe vouée au malheur, et dont le travail ne peut suffire à l'existence? Qui serait assez injuste pour nous dire qu'il veut jouir de nos fatigues, qu'il veut dissiper ce que nous produisons, qu'il veut absorber toutes les richesses que nous créons? Qui peut prétendre que nous sommes faits pour les servir? Qui, sans renier le Christ, oserait dire qu'il y a deux humanités, l'une privilégiée, ayant en partage toutes les jouissances de la vie, et l'autre prédestinée au malheur et à la misère; un tel homme ne saurait exister; car l'on ne peut croire qu'il se trouve dans l'humanité un être assez dépravé pour ne plus entendre la voix de la conscience.

Examinons si le propriétaire qu'on indemniserait en totalité de sa terre serait en droit de se récrier contre la loi qui l'obligerait à la vendre. Il serait en droit de se récrier, recevant la valeur de sa terre, si l'on pouvait répondre affirmativement aux deux questions suivantes:

Le propriétaire a-t-il des droits sur le cultivateur?

Le propriétaire peut-il cultiver la terre?

Mais comme l'on ne peut y répondre que né-gativement, il en résulte naturellement que le propriétaire n'est pas en droit de posséder la terre, car elle ne doit appartenir, en toute justice, qu'à celui qui peut la cultiver.

Et si le propriétaire qui est une machine qui ne produit pas, dit Proudhon, n'a aucun droit sur le cultivateur qui produit, pourquoi le cultiva-teur consentirait-il à consacrer son temps à un travail qui le fatigue, l'épuise sans en retirer un salaire suffisant à son existence, à celle de sa femme et de ses enfants.

En effet, pour se nourrir, se loger, se blanchir, se chauffer, ainsi que sa femme et ses enfants, le propriétaire, afin d'avoir l'intérêt de son capital, donne-t-il plus de 1 fr. au cultivateur et 30 c. à sa femme, exigeant qu'ils travaillent du matin jus-qu'au soir?

Messieurs les gens de l'ordre, c'est sans doute par amour de la religion, de la famille, de la propriété, que vous vous récriez contre le socia-lisme, et non pas à cause de ce que le socialisme abolit vos injustices contre les travailleurs, et vous défend de les exploiter et de les marchander! — Mais sachez que pour vivre en propriétaire ou pour consommer sans produire, a dit Proudhon, il faut ravir le travail d'autrui.

Vous vous récrierez encore plus contre le socia-lisme, que vous ne le tuerez pas. Les Pharisiens ont-ils tué le christianisme? — Ils en ont emprisonné et tué les chefs, comme vous emprisonnez et tuez les nôtres. Le christianisme est-il mort ?

Il mourra moins que jamais, car le socialisme, enfant d'un même père, a fraternisé avec lui. Le socialisme, quoi qu'en disent les privilégiés, c'est l'extension du christianisme. Quand la France se leva en 89, elle voulait conquérir la liberté et l'égalité devant la loi. Quand elle se leva le 24 Février 1848, elle voulait donner du pain au peuple, et c'est là la questions sociale, autrement dit, le socialisme. — Elle sera résolue, ne vous en déplaise, messieurs les gens de l'ordre, au nom de la religion, au nom de l'humanité. Le socialisme est absolument invincible, et comme dit Louis Blanc : « Qu'on le frappe tant qu'on vou- » dra, ce sera peine perdue, et nous dirons du » socialisme à ses ennemis, comme Théodore de » Bèze disait de la réformation au roi de Navarre : « Souvenez-vous que c'est une enclume qui usera » beaucoup de marteaux. »

Le propriétaire pense-t-il trouver une garantie pour ses capitaux dans la manière que nous indiquons de les placer ?

Nous avons déjà dit oui, mais ne sera-t-on pas de notre avis que nous le délivrons à jamais des tracasseries agricoles par notre mode de placement, et ne donnons-nous pas une plus-value à ses capitaux en lui assurant un intérêt de 5 p. 100.

La propriété, pour nous, c'est le capital ; — le capital, c'est le fruit du travail ; à ce titre, le capital est sacré. — Tous ceux qui le possèdent n'en

peuvent dire autant; mais nous ne nous occupe-
rons pas de faire ressortir les exceptions d'une
règle générale.

Lorsque Proudhon a dit que la propriété était
le vol, il n'a pas eu tort, car il pensait à la manière dont on retirait l'intérêt du capital, et dont
on l'accumulait. En effet, si les riches devaient
continuer à fournir aux travailleurs un salaire
insuffisant et vivre à leurs dépens, nous protes-
terions encore plus que Proudhon contre la légitimité de la propriété. Mais nous espérons que
convaincu de la nécessité d'une réforme sociale, si
l'on n'accepte pas la nôtre, on acceptera un des
moyens qui ont été déjà indiqués par une foule
d'hommes dévoués à la cause de l'humanité.

De tous ces moyens connus, notre système ren-
ferme de particulier, que nous abolissons tout intérêt du capital qui exploite, et que nous l'admettons pour celui qui n'exploite pas.

D'après notre système, le riche, avec l'idée d'exploitation, ne doit plus avoir d'action ou partici-
pation quelconque dans aucune des branches de
la richesse sociale, ni dans le commerce, ni dans
l'industrie, ni dans l'agriculture. Il recevra l'intérêt de ses capitaux fournis par la coopération de
tous; il l'économisera, il l'accumulera, il le trans-
mettra à ses enfants; il l'emploiera selon ses dé-
sirs, mais il ne devra plus être le vampire des
travailleurs.

A ceux qui nous diront que le riche aime sa
terre, non pas seulement comme placement d'ar-

gent., mais comme séjour, nous leur répondrons que notre système va jusqu'à concilier ses goûts de campagne, mais dans des limites convenables. Il lui serait loisible de conserver sa maison de campagne avec ses dépendances et ses jardins, et d'avoir, comme le cultivateur, une portion de terre, suivant le nombre de sa famille, s'il peut la faire tenir en état de culture; sinon il resterait avec sa maison, ses dépendances placées au milieu de riches et belles cultures; et se faisant aimer et chérir de ses voisins, il jouirait de tous les agréments de la campagne sans en avoir le désagrément.

Quant à l'inviolabilité de la propriété, l'article 11 de la Constitution porte : « *Toutes les propriétés sont inviolables.* » Mais il ajoute, en même temps : « L'Etat peut exiger *le sacrifice d'une propriété, pour cause d'utilité publique.* »

Nous pensons qu'une question d'humanité peut bien être prise en considération par messieurs les gouvernants; et qu'il est aussi utile d'assurer la vie à 31,000,000 d'infortunés, que d'aligner une rue ou d'agrandir une place publique, etc., etc.

Dans l'exposé de notre système, on a remarqué que nous exigions que les ouvriers de la ville s'associassent sans exclusion d'aucun de leurs membres pour avoir droit à la taxe du droit au travail, tandis que nous n'exigeons aucune condition des cultivateurs pour avoir les mêmes droits que l'ouvrier de la ville.

Nous avons agi de la sorte à l'égard des cultivateurs pour avoir remarqué combien ils igno-

raient les projets les plus simples d'améliorations
sociales que la marche du temps a apportés sous
le nom de progrès, et combien ils étaient rebel-
les à les accepter.

De là, le progrès ne s'imposant pas, mais se
communiquant aux uns et aux autres sans force,
sans violence, par l'action inexplicable du temps,
il nous fallait offrir aux cultivateurs un plan d'organisation sociale qui sympathisât avec leur nature et les fît entrer immédiatement dans la même
voie que l'ouvrier de la ville.

Le moyen que nous employons pour eux nous
semble infaillible, et nous y tenons d'autant plus,
que la question de la réforme sociale est si me-
naçante, qu'elle nous paraît comme l'épée de Da-
moclès sur la tête de la France.

L'ouvrier de la ville a compris que l'association
était pour lui le dernier terme du progrès, afin
d'obtenir en entier le fruit de son travail, et se
trouvant esclave de ne pas en recevoir seulement la
moitié, pour lui, plutôt la mort que la spoliation
de ce qui lui appartient. — Le cultivateur, au
contraire, comprend si peu l'association, que, par
l'instigation d'un grand nombre de riches propriétaires, il est devenu son propre ennemi. —
La conduite de ces propriétaires est, à nos yeux,
un meurtre moral commis envers les cultivateurs
et envers la société, en pensant aux liens qui en
unissent tous les membres.

Quoique nous n'ayons pas exigé l'association
entre cultivateurs, nous pouvons assurer qu'on

les verra se réunir d'eux-mêmes en association ; mais que pas une puissance n'entreprenne de les obliger à s'associer pour le moment, si l'on accepte notre proposition.

Qu'on leur apprenne qu'il existe une Banque nationale qui leur distribuera chaque jour, SANS QU'ILS SOIENT OBLIGÉS DE LA RENDRE, une somme suffisante pour qu'ils achètent une portion de terre.

Lorsqu'ils en auront acquis la certitude, avant d'avoir leur portion de terre, ils se diront les uns aux autres :

Entre dix et quinze d'entre nous, nous achèterons des bœufs ; — toi, tu les garderas chez toi, si ta portion de terre forme un centre par rapport à la mienne ; — toi, tu mettras ta terre en prairies, si les herbes doivent y être bonnes ; — toi, tu la mettras en bois, si elle n'est bonne que pour le bois ; — et moi, je ferai du blé ou du vin, si ma terre est bonne pour le blé ou le vin, et chacun nous aurons du blé, du vin, du bois, et pour nos bestiaux, des herbes.

Tel sera le premier âge de l'association agricole ; les maisons des cultivateurs seront isolées : chacun chez soi. Dans le second âge, les maisons isolées disparaîtront, un même toit réunira tous les individus appartenant à un même centre. Au troisième âge, deux et trois centres se réuniront sous un même toit, et formeront comme des espèces de petites villes, où dans chacune on trouvera des hommes appartenant à toutes les industries.

Il faut attendre l'heure des fleurs, l'heure des moissons ; il faut, suivant une belle expression de Necker, ne pas être envieux du temps.

C'est sans doute le troisième âge dans l'association agricole que Fourrier avait aperçu et qu'il a voulu définir dans ses livres, mais qu'il n'aurait pas atteint, selon nous, en fournissant l'intérêt du capital sur le fruit du travail.

Par notre système, la grande propriété s'évanouira insensiblement, sans confiscation, sans violence ; la possession se constituera sans communauté, sous l'inspection de la République, et l'on aura obtenu, avec le temps, sous les yeux de l'expérience, l'égalité des conditions, qui n'est pour nous que l'instrument du travail, mis à la disposition de tous, comme nous l'avons indiqué, de manière à ce que chaque individu développe également ses facultés inégales, et non pas, comme le croient certains esprits obtus, l'obligation d'avoir des relations intimes et journalières avec tous les individus de la société.

C'est par l'égalité des conditions qu'on organisera le droit au travail, ce fantôme de messieurs les gens de l'ordre avec ces principes de Malthus :

« Un homme qui naît dans un monde déjà oc-
» cupé, si sa famille n'a pas de quoi le nourrir,
» ou si les riches n'ont pas besoin de son travail,
» cet homme, dis-je, n'a pas le moindre droit à
» réclamer une portion quelconque de nourriture,
» et il est de trop sur la terre. »

Nous nous abstiendrons de réflexions sur ces principes de messieurs les gens de l'ordre.

Notre système est immédiatement applicable; on ne peut l'accuser de détruire ni l'ordre, ni la famille, ni la propriété, ni la religion; il les garantit, au contraire, et, sans secousse, il amènera la vieille société à sa transformation.

Il concilie avec impartialité tous les intérêts, il est d'une prévoyance extrême pour le riche comme pour le pauvre, il respecte toute les habitudes qui sont l'expression de l'amour du prochain, de l'égalité et de la justice.

Il veut que tous les membres de la société y trouvent un bien-être en se prêtant un secours mutuel, mais sans vol, sans rapine. — Il veut que religion, patrie, ne soient pas de vains mots. Il veut la pureté du cœur à la place de la corruption, en donnant à l'homme et à la femme les moyens de ne plus s'avilir par des actions déshonnêtes, conséquence inévitable de la misère. Il veut la véracité, la bonne foi, à la place du mensonge, en mettant le travail affranchi à la place du travail exploité, ce gouffre des iniquités humaines. Il veut l'amour de l'humanité à la place de l'égoïsme, en reconnaissant un Dieu bon et souverainement juste, qui a dit aux hommes : « Malheur à vous, parce que vous chargez les hommes de fardeaux qu'ils ne peuvent porter, et vousmêmes n'y touchez pas du bout du doigt.

En utilisant la somme que nous apportons chaque année par notre système, si l'on entreprend les grands travaux qui y sont indiqués, dorénavant plus de bras inoccupés.

Notre système portera la vie dans toutes les industries, il répandra la joie dans le cœur de tous les malheureux prolétaires, dans le présent comme dans l'avenir. — Il renverra nos soldats dans leurs foyers en rendant désormais l'émeute impossible. — En un mot, il permettra à chacun de se livrer à sa vocation, avec l'assurance de vivre en travaillant.

Puissions-nous voir notre système accepté, et vous, travailleurs, tristes victimes d'une organisation vicieuse, vous qu'un monde railleur dépouille et outrage, vous dont le travail fut toujours sans fruit et le repos sans espérance, espérez avec nous. Si vos pères ont semé dans l'affliction, vous moissonnerez dans l'allégresse.

Monsieur Thiers, voilà notre proposition ; si, contre elle, vous et les vôtres osez invoquer l'ordre, la famille, la propriété, nous nous écrirons avec Louis Blanc (premier numéro du *Nouveau monde*), que nous citons parce que nous ne saurions ni mieux penser ni mieux dire : « En vérité, quand je vois, d'un côté, le socialisme, de l'autre, l'ordre, la famille, la propriété, je m'étonne de tant de folies ; mon cœur se partage entre la pitié que l'ignorance inspire et le dédain que mérite la mauvaise foi !

» L'ordre, juste Ciel ! mais quel est-il donc cet ordre qui se concilie avec la misère, la prostitution, le vol, l'assassinat, avec les bagnes qu'il

faut remplir, avec la guillotine qu'on n'ose abat-
tre? Quel est-il donc cet ordre qui nous fait rou-
ler sans relâche de crise en crise, d'émeute en insurrection, et d'insurrection en guerre civile? Je
me défie d'un bien dont tant de gens ne peuvent se
résigner à prendre leur parti; et s'il était absolument indispensable, pour sauver la société, de sus-
pendre l'action des lois, d'enchaîner la pensée, de
profaner les refuges de la famille, de refaire les
tables de proscription à la manière de Sylla, de
ranger en bataille dans les rues 120,000 hommes,
d'ordonner le silence à coups de canon, quel désordre serait comparable à l'ordre qui voudrait
être ainsi maintenu. Mesures provisoires, dira-t-on.
Et qu'importe, si la cause qui les fit adopter hier
les ramène fatalement demain. L'ordre, est-ce la
pauvreté qui se cache? Est-ce la douleur qui
étouffe ses sanglots? Est-ce la haine qui conspire?
Est-ce la révolte qui s'ajourne? Est-ce, entre deux
révolutions, une halte d'épuisement? Est-ce le
calme plat entre deux naufrages?... O prétendus
défenseurs de l'ordre! vous ne savez pas même
votre langue : l'ordre véritable est justement celui qui n'a pas besoin d'être défendu. On ne le
protège pas, on le fonde; et pour cela, il faut sa-
voir prévenir ce que vous combattez d'autant plus
vainement que vous combattez à outrance. Mais
ne leur demandons rien de semblable, ils nous
répondraient que prétendre à supprimer la misère
et à vaincre le mal est chose insensée; que le mal
est dans l'essence des choses; que la misère est

indestructible. Car, folie incroyable! inconsé-
quence prodigieuse! ce sont les prétendus défenseurs de l'ordre qui proclament le désordre nécessaire et immortel!

» Quant à la famille, je voudrais bien qu'on me
montrât ce que fait pour elle le régime social
qu'on donne comme son palladium. — Ah! que
nos adversaires le sachent donc et s'en souviennent:
c'est parce que la famille est l'institution sacrée et
inviolable par excellence, qu'il lui faut un milieu
plus pur que celui au sein duquel on la voit aujourd'hui se dépraver et se dissoudre. — Prenons
la *Gazette des Tribunaux*, et lisons. — Quels som-
bres drames! C'est une femme qui a empoisonné
son mari pour marcher parée de ses dépouilles;
ce sont deux frères qui, à quelques pas d'une
fosse qui vient de s'ouvrir, se disputent avec scan-
dale les lambeaux de l'héritage paternel; c'est la
brutalité du despotisme conjugal combattue par
les ruses de l'adultère; c'est un enfant qu'on a
trouvé nu, meurtri et affamé, dans un cachot où
l'avaient jeté ses parents; c'est un fils qui a reçu
de son père des leçons de vol; une fille qui a reçu
de sa mère des leçons de débauche! Telles sont
les funèbres lueurs qui, d'intervalle en intervalle,
viennent éclairer la nuit dont la vie privée s'en-
veloppe. Mais que d'affreux débats restent dans
l'ombre! à combien de scènes terribles, qu'on ne
connaîtra jamais, correspond chacune de celles que fait découvrir un excès d'imprudence ou le
hasard! Voyons, que ce régime social, si sainte-

ment protecteur de la famille, réponde. On lui
demande pourquoi l'adultère y est enseigné sur
tous les théâtres, appris dans tous les romans,
chanté par tous les poètes? De fait, qu'est-ce que
le mariage, aujourd'hui, c'est-à-dire sous le rè-
gne du capital? Si, pour avoir une définition, j'in-
terroge le Code, il m'apprend que le mariage est
une association à peu près semblable à la société
commerciale en nom collectif. Le Code, dans ses
dispositions diverses, traite volontiers le mariage
comme un établissement d'une espèce particulière
dont le mari est le gérant. Si je consulte les faits,
je trouve que le mariage est presque toujours un
marché, une spéculation, un moyen de faire ou
d'arrondir sa fortune, et, selon le style du Code,
une des différentes manières dont s'acquiert la
propriété. Attrait naturel, union de deux cœurs
émus d'amour, lois souveraines de la sympathie,
tout cela passe après l'acte qui règle les conven-
tions matrimoniales. Le notaire, ici, est le per-
sonnage important; à tel point que, dans l'ordre
des formalités, l'acte devant notaire précède la cé-
lébration. Et ces mœurs ont créé un langage di-
gne d'elles : on n'épouse pas une femme qu'on
aime; on épouse dix, quinze, vingt mille livres
de rente, et... des espérances. Des espérances,
c'est ainsi qu'on nomme, dans la grammaire ma-
trimoniale, la mort des parents!
» Que vous semble de l'influence que le régime
actuel exerce sur la constitution de la famille?
Mais, pour en mieux juger, c'est au sein du pro-

létariat qu'il faut descendre. Malheur au pauvre, s'il lui arrive de se marier! Incapable de nourrir ses enfants, il sera réduit à les livrer, corps et âme, au mauvais génie de la production. Il demandera une partie de son salaire à leur jeune âge, opprimé et flétri par un travail précoce; il les enterrera vivants dans une de ces filatures à l'entrée desquelles les philantropes de l'économie politique régnante ont été forcés eux-mêmes de nous montrer de pauvres créatures de six ou sept ans, travailleurs au regard éteint, aux joues livides, au dos voûté. Sur dix mille jeunes gens appelés au service de la guerre, les dix départemens les plus manufacturiers de France en présentent *huit mille neuf cent quatre-vingts* infirmes ou difformes. Voilà ce qui a été déclaré à la tribune de la Chambre des pairs par un défenseur de l'ordre, de la famille, de la propriété, par M. Charles Dupin. Voilà les fruits que font porter à la famille les abus sociaux qu'on ne rougit pas de défendre pour son compte et en son nom! Maintenant, suivez, si vous en avez le courage, l'effrayante progression qui se remarque dans le nombre des hospices d'enfants trouvés; dressez la liste de ces tours qu'on a dû établir pour ménager à des mères, chose horrible! le moyen de ne pas tuer leurs enfants, et dites ce que l'institution de la famille gagne au maintien d'un pareil régime social.

» Reste la propriété, dont il convient d'abord d'indiquer le principe et de caractériser la nature. A qui nous adresserons-nous sur ce point? Peut-

être les adversaires du socialisme ne récuseront
pas l'autorité de M. Thiers. Or, en pleine Assemblée nationale, M. Thiers a solennellement af-
firmé que le principe fondamental du droit de
propriété, c'était le travail. Nous n'avons garde
d'y contredire ; mais, alors, que le régime social
actuel se défende, s'il le peut. Car, combien de milliers d'hommes qui sont aujourd'hui propriétaires
sans travailler ! et, au-dessous d'eux, combien
de milliers d'hommes qui travaillent sans être, et
même sans avoir l'espoir d'être jamais propriétaires ! — A qui cette maison ? Est-ce à celui qui l'a
construite ? Il cherche un gîte. A qui ces riches
étoffes de soie ? Est-ce à celui qui les a fabriquées ?
Il est couvert de haillons. A qui ces opulentes ré-
coltes ? Est-ce à celui qui les a fait sortir du sein
de la terre ? Il est en peine de nourriture.

» Cependant, et c'est encore M. Thiers qui l'af-
firme, la propriété est quelque chose *d'essentiel à
la nature humaine ;* d'où il suit que tout individu
qui n'a pas de propriété manque de ce qui est essentiel à la nature. — Mais alors que penser du
prolétaire ? Le prolétaire n'est donc pas un homme ? Oui, Monsieur, vous avez raison : la propriété qui puise sa légitimité dans le travail est
une condition essentielle de la vie, et voilà pourquoi, au nom de la nature humaine, au nom
de la vie, nous reprochons à la société actuelle de
n'être pas constituée de façon à rendre la propriété
accessible à tous.

» La propriété, enfin, ne saluera-t-elle ses vrais

apôtres en ceux qui disent : « Pourquoi les étof-
» fes précieuses sont-elles fabriquées par des hom-
» mes sans pain et les palais bâtis par des hom-
» mes sans gîte ? Ne faisons pas un privilége du
» premier de tous les droits, du droit à la vie. »

Monsieur Thiers, quand deviendrez-vous le
défenseur de l'ordre, de la famille, de la propriété, selon la justice, ou autrement le socialisme ?

Nous ne le savons pas ; mais nous savons que
Jésus a dit à ses disciples, et nous vous en donnons avis, monsieur Thiers : — « L'homme de
» bien tire de bonnes choses du bon trésor de son
» cœur, et le méchant en tire de mauvaises du
» mauvais trésor de son cœur ; car c'est de l'abon-
» dance du cœur que la bouche parle. » (S. Luc,
ch. vi, v. 45.)

www.ingramcontent.com/pod-product-compliance
Lightning Source LLC
Chambersburg PA
CBHW060750280326
41934CB00010B/2428